AF458846

DE LA CAPACITÉ CIVILE DES SOURDS-MUETS

PAR

M. JULES VINCENT
Avocat à la Cour impériale.

EXTRAIT DE LA REVUE PRATIQUE DE DROIT FRANÇAIS
du 15 juin 1864.

PARIS
A. MARESCQ AINÉ, LIBRAIRE-ÉDITEUR
RUE SOUFFLOT, 17.

1864

DE LA CAPACITÉ CIVILE

DES SOURDS-MUETS.

Une décision du ministre de l'intérieur, en date du 7 décembre 1863, vient d'ordonner que chaque année un cours normal et gratuit d'enseignement serait fait, dans l'institution impériale des Sourds-Muets de Paris, en faveur des personnes des deux sexes, françaises ou étrangères, qui désirent se livrer à l'éducation des enfants affligés de cette infirmité. Les personnes qui le suivront auront la faculté, en outre, d'assister dans toutes les classes aux leçons des professeurs. La durée du cours sera de quatre mois, mais on pourra prolonger au-delà les études pratiques en assistant aux leçons des professeurs jusqu'à la fin de l'année scolaire. L'ouverture du cours pour l'année 1863-1864 aura lieu le 1er mars 1864. Il y a dans cette mesure une preuve nouvelle de la sollicitude du gouvernement pour le développement de l'intelligence dans toutes les classes, et nous croyons intéressant, à propos de cette nouvelle impulsion donnée à l'enseignement des sourds-muets, de dire quelques mots de leur position vis à vis de la loi et comme citoyens. Le nombre de ces infortunés est assez grand en France, puisqu'on en compte environ vingt-deux mille, pour que les questions qui les touchent présentent quelque intérêt.

Réputés complétement incapables dans le principe, les sourds-muets ont vu successivement le législateur se départir de sa rigueur vis à vis d'eux, à mesure que la civilisation a imaginé les moyens de les mettre en rapport avec leurs semblables et de leur donner une instruction qui leur était impossible autrefois et dont on les croyait même incapables. Mais ce n'est que l'abbé de l'Épée qui leur a complétement ouvert les portes de la capacité civile, et ce progrès n'est pas le moindre bienfait dont ils lui soient redevables. Grâce à son ingénieuse méthode, perfectionnée plus tard par l'abbé Sicard, il a commencé pour eux une ère toute nouvelle, et, à la différence des législations antérieures, le Code Napoléon n'a plus aujourd'hui, pour établir une différence entre eux et les autres citoyens, les raisons qui font que si nous remontons du droit romain à nos lois, nous voyons leur position se modifier si lentement pour devenir cependant, dans les derniers temps de notre ancien droit, presque égale à ce qu'elle est de nos jours.

A Rome, ils n'avaient ni la jouissance ni l'exercice des droits civils; ils étaient d'abord complétement interdits, assimilés presque à des morts. Alors cependant on faisait une distinction entre les sourds-muets de naissance et ceux qui l'étaient devenus par accident. Plus tard on se contenta de les pourvoir d'un curateur que leur nommait le préteur. Ce fut là, dans le droit romain, leur position la plus favorable; si nous trouvons dans le *Digeste* quelques textes qui paraissent leur reconnaître une capacité quelconque, il est facile de se convaincre, en les examinant de près, qu'ils se reféraient à des individus affligés d'une seule de ces infirmités. Quant à ceux qui étaient à la fois sourds et muets, ils ont toujours dû être pourvus d'un curateur.

Dans l'ancien droit français, les sourds-muets étaient en principe réputés incapables. Cependant on commençait à reconnaître qu'il y avait là une rigueur bien grande et que, pour être privés de l'ouïe et de la parole, ils ne l'étaient pas nécessairement de l'intelligence; aussi arriva-t-on peu à peu à faire une exception en faveur de ceux qui, par un moyen quelconque, avaient acquis l'instruction nécessaire pour manifester leurs volontés, c'est-à-dire qui savaient lire et écrire. Mais le principe subsistait toujours et la règle générale était l'incapacité.

De nos jours et sous l'empire du Code Napoléon, c'est le principe contraire qui domine, et le sourd-muet jouit de la même capacité que tout autre citoyen; ce n'est qu'exceptionnellement qu'il devient incapable, lorsque son infirmité nécessite pour lui la protection de la loi. Et encore n'est-ce pas une incapacité proprement dite, mais plutôt une impossibilité d'exercer un droit dont il a cependant la jouissance. Mais, bien que ce soit là la règle générale, les tribunaux ont eu souvent à statuer sur des questions intéressant cette classe d'individus, et nous allons passer en revue, en les rapprochant, les divers actes de la vie civile où la capacité des sourds-muets peut être en jeu.

Depuis quelques années, grâce aux soins éclairés du directeur de l'établissement impérial de Paris, ainsi qu'au talent et au dévouement incomparables de ses professeurs, on est entré dans une voie nouvelle qui doit faire tomber les dernières restrictions apportées à la capacité civile des sourds-muets. Déjà, du temps de l'abbé de l'Epée, on était arrivé, ce qui alors était considéré presque comme un miracle, tout au moins comme un phénomène tout à fait exceptionnel, à enseigner une fois par hasard à un sourd-muet, doué de capacités naturelles, l'art d'articuler des sons et de les assembler de façon à produire les paroles qui composent le langage parlé. En même temps on l'habituait à saisir sur les lèvres les paroles qu'il ne pouvait entendre. Pendant longtemps l'idée de répandre cet exercice fut considérée comme une utopie que des gens, considérables même et versés dans ces matières, ne pouvaient pas admettre comme susceptible d'une application pratique. Mais aujourd'hui la difficulté a été vaincue, et, depuis quelques années seulement, le résultat a prouvé à quel degré de perfection peut arriver l'enseignement des sourds-muets. Un cours spécial existe à l'institution de Paris, où l'on apprend aux élèves *l'articulation et la lecture de la parole sur les lèvres*. A l'aide de la méthode employée on arrive à des résultats tels qu'un enfant sourd-muet, notamment, a pu faire toutes ses classes dans un lycée, y tenir un des premiers rangs, obtenir des nominations au concours général et subir avec succès et oralement les épreuves du baccalauréat et de la licence ès-lettres. Et ce n'est plus aujourd'hui une exception; la moitié des élèves sourds-muets exercés à ce travail arrivent à articuler la parole, et les deux tiers à la lire sur les lèvres. On peut donc dire, d'une façon presque absolue, que la parole ne leur est plus interdite.

Pour ceux qui sont arrivés à ce degré d'instruction, il est impossible de faire aucune distinction au point de vue de la capacité civile, et nous devons reconnaître que tous les actes de la vie civile leur sont accessibles, puisque, pour eux, l'impossibilité physique n'existe plus. Aussi ne parlerons-nous pas de cette classe, encore peu nombreuse aujourd'hui, il est vrai, mais qui, nous l'espérons, le deviendra rapidement. Les développements qui suivent ne s'appliqueront donc qu'aux sourds-muets qui n'ont pas appris à parler; quant aux autres, ils sont, de la façon la plus absolue, dans la même situation que les gens doués de l'ouïe et de la parole. Les formalités les plus rigoureuses des actes pour lesquels la loi prononce la nullité à défaut de leur accomplissement, peuvent être remplies par eux, et tout ce que nous dirons ne peut leur être appliqué.

Le premier ordre de questions qui se présentent à la pensée comme dominant tout ce sujet, sont celles relatives à l'interdiction et à la nomination d'un conseil judiciaire. Après les avoir examinées, nous adopterons l'ordre alphabétique pour les autres actes dans lesquels la capacité des sourds-muets peut faire l'objet d'une difficulté.

1° *Interdiction.* — La théorie du Code sur l'interdiction est résumée dans les deux articles 489 et 493 du titre XI chapitre II. L'article 489 veut qu'on interdise « le majeur qui est dans un « état habituel d'imbécillité, de démence ou de fureur, » et l'article 493 prescrit « l'articulation par écrit des faits d'im« bécillité, de démence ou de fureur. » Voilà la règle générale d'après laquelle nous devrons résoudre toutes les questions d'interdiction. De ceci il résulte d'abord que le sourd-muet peut être interdit, car l'article 489 est général, il dit « *le* ma« jeur, » sans aucune espèce de distinction. Mais faut-il conclure de la privation de l'ouïe et de la parole à un état habituel d'imbécillité, en sorte qu'après avoir prouvé l'infirmité, on aurait fait la preuve de l'imbécillité? Un jugement du tribunal de Genève du 21 mars 1811 l'avait décidé ainsi, mais il a été réformé par la Cour de Lyon le 14 janvier 1812, car deux raisons s'opposent à cette conclusion, l'article 493 et les principes de la science médicale elle-même. L'article 493 d'abord qui prescrit d'articuler les faits d'imbécillité; et il résulte bien de cette disposition qu'il ne suffit pas d'établir la cause de l'imbécillité, preuve qu'il n'est même pas nécessaire de faire, mais qu'il faut énoncer clairement et formellement les principaux faits constituant cet état de déraison. Ainsi en admettant même que le mutisme (et par là nous entendons l'état de celui qui est à la fois sourd et muet) soit une présomption et même une preuve d'imbécillité, il faudrait encore, aux termes de la loi, établir les faits résultant de cet état et constituant l'imbécillité. Il est donc certain à ce premier point de vue et d'après le texte même de l'article 493, qu'il n'y a pas dans le mutisme une cause suffisant à elle seule pour faire prononcer l'interdiction, et dispensant d'articuler des faits précis. Mais la seule raison de décider ne se trouve pas dans l'article 493 ; la science médicale s'oppose également à cette induction, car elle reconnaît les sourds-muets susceptibles d'une intelligence aussi développée que toute autre personne. Il est vrai que lorsque le sourd-muet n'a reçu aucune espèce d'éducation, d'après Itard (*Dictionnaire des sciences médicales*, v° *Sourd-Muet*), « plus d'un quarantième des sourds-« muets serait atteint d'idiotisme, soit que cette inaptitude « mentale résultât de l'inaudition, soit qu'elle résultât de la « même cause qui a paralysé le sens auditif. » Mais cette proportion même, en l'admettant, et elle n'est pas reconnue par tout le monde, serait trop faible pour qu'on pût en tirer aucune conséquence, surtout lorsqu'on songe qu'elle n'est calculée que sur une catégorie assez restreinte aujourd'hui, et qu'on la compare à la quantité des sourds-muets qui jouissent du bienfait de l'éducation et chez lesquels l'intelligence acquiert une étendue souvent très-développée. Nous pouvons donc dire avec certitude et à tous les points de vue qu'il n'y a pas dans leur infirmité une cause d'interdiction suffisante à elle seule; nous croyons même pouvoir dire qu'il n'y a pas une présomption devant faciliter leur interdiction, si les faits articulés ne sont pas très-caractéristiques.

Certains auteurs cependant ont voulu, s'appuyant sur cette opinion d'Itard et sur une analogie tirée de l'article 936 du Code Napoléon (au titre des *donations*), faire une classification des sourds-muets et dire : 1° que ceux qui n'avaient aucune éducation devaient être interdits de droit ; 2° que ceux qui, ayant reçu l'éducation mimique, ne savaient pas écrire, devaient être pourvus d'un conseil judiciaire; 3° que les autres seuls devaient conserver la plénitude de leurs droits civils. Mais cette classification, qui pourra s'établir quelquefois en fait, ne saurait être consacrée en droit et *à priori*. Elle viole la loi qui n'a pas cru devoir se laisser influencer au titre de *l'interdiction* par les raisons qui lui ont fait écrire l'article 936 dans une matière où tout est de rigueur et dans un cas spécial et digne d'une faveur toute particulière; elle viole en outre les données de la médecine qui, en suivant l'opinion d'Itard, ne peut trouver qu'une très-faible proportion de sourds-muets atteints d'idiotisme, et encore en ne tenant compte que de ceux qui n'ont reçu aucune espèce d'éducation. Aussi la jurisprudence l'a-t-elle rejetée jusqu'ici et a-t-elle toujours interprété la loi en ce sens qu'au point de vue de l'interdiction, elle place le sourd-muet sur le même rang que tout autre majeur dont parle l'article 489.

2° *Conseil judiciaire.* — Quant au conseil judiciaire, les mêmes raisons nous font décider dans le même sens ; le sourd-muet pourra et devra être pourvu d'un conseil judiciaire comme tout autre majeur. Mais ici, cependant, nous ferons cette différence avec l'interdiction, que leur infirmité pourra peut-être influencer l'esprit des magistrats et les porter à être plus faciles à prendre cette mesure, non pas que nous craignions que de l'infirmité du sourd-muet résulte comme conséquence une diminution de facultés, mais parce que dans leurs rapports avec le monde extérieur, ils seront plus faciles à tromper dans bien des cas et mériteront à ce titre une plus grande protection. Encore ne consentons-nous à faire cette différence qu'avec la plus grande réserve, et nous disons toujours qu'en principe et en droit les sourds-muets doivent être, au point de vue de la nomination d'un conseil judiciaire comme au point de vue de l'interdiction, assimilés complétement à ceux qui se trouvent dans les conditions ordinaires et jouissent des deux facultés dont ils sont malheureusement privés.

Ce premier point établi, à savoir que les sourds-muets sont en principe reconnus par la loi jouir des mêmes droits que les autres citoyens, en ce sens que l'interdiction et la nomination d'un conseil judiciaire ne peuvent avoir lieu contre eux ni plus facilement, ni dans des cas différents des autres, examinons successivement les différentes questions qui peuvent se présenter au sujet des divers actes de la vie civile.

3° *Accusé.* — L'article 333 du Code d'instruction criminelle prévoit les cas où l'accusé ou un témoin sont sourds-muets. Aux termes de cet article, il faut faire une distinction suivant qu'il sait écrire ou qu'il ne le sait pas. Dans le premier cas, l'interrogatoire, demandes et réponses, se fait par écrit et le greffier en donne lecture. Dans le second cas, on nomme un interprète à l'accusé ou au témoin sourd-muet, et la loi veut qu'on choisisse pour cela la personne qui a le plus l'habitude de converser avec lui, en observant cependant pour le surplus, dit l'article 333, les dispositions de l'article précédent. Or l'article 332, lequel prévoit le cas d'un étranger ne parlant pas le français, veut que l'interprète soit majeur, qu'il prête serment et qu'il ne soit choisi ni parmi les témoins, ni parmi les juges ou les jurés, le tout à peine de nullité. On se demande quelle peut être la disposition à laquelle se réfère le renvoi de l'article 333, et il nous semble que ce ne peut être que la prestation de serment et tout au plus la récusation. En effet, cet article 333 dit en termes formels : « Le pré« sident nommera d'office pour son interprète la personne « qui aura le plus d'habitude de converser avec lui. » C'est là la seule condition qu'il prescrit, et cette condition peut se rencontrer soit chez un témoin, soit chez une personne ne satisfaisant pas au vœu de l'article 332. Il faut donc reconnaître que l'article 333 fait une exception complète à l'article précédent, et que dans le cas d'un accusé ou d'un témoin sourds-muets, l'interprète peut être un témoin de la même affaire et même un mineur de vingt et un ans, s'il réalise la seule condition prescrite par cet article, d'avoir une grande habitude de converser avec le sourd-muet. C'est du reste ce que la Cour de cassation a décidé par deux arrêts du 23 décembre 1824 et du 3 juillet 1846.

Cette disposition de notre Code d'instruction criminelle ne se trouvait pas dans les lois antérieures. L'ordonnance criminelle du mois d'août 1670, tit. 17, prescrivait la nomination par le juge et d'office d'un curateur à l'accusé sourd-muet ; mais la loi des 16-29 sept. 1791 et le Code des délits et des peines du 3 brum. an IV ne reproduisaient pas cette disposition. Sous l'empire de ces lois, on appliquait par analogie les art. 368 et 369 du Code de brum., qui, prévoyant le cas où l'accusé ne parlait pas le français, prescrivaient la nomination d'office d'un interprète âgé de vingt-cinq ans au moins et pouvant être pris parmi les témoins ou les jurés. Mais il n'y avait là qu'une interprétation autorisée seulement par l'analogie et par une circulaire ministérielle et que le Code de 1808 a parfaitement fait de consacrer par un article spécial.

4° *Actes sous seing privé ou notariés.* — Nous venons de

voir à propos de l'interdiction et du conseil judiciaire que les sourds-muets ne doivent pas être, à raison de leur infirmité et par le fait seul de cette infirmité, soumis à l'une ou l'autre de ces mesures. La conséquence est qu'ils ont l'exercice de leurs droits civils, et qu'ils peuvent contracter par eux-mêmes des obligations. Ils peuvent donc faire valablement un acte sous seing privé qui n'est soumis à aucune formalité. Il suffit pour cela d'avoir la capacité de s'obliger, et nous ne considérons pas comme des formalités au point de vue qui nous occupe les signatures et la rédaction en double dans les cas où elle est prescrite.

Cette capacité de contracter étant reconnue en principe pour les sourds-muets, il se présente cependant une question pour les actes notariés, celle de savoir si en fait la loi du 25 ventôse an XI ne s'opposerait pas à ce que le notaire pût recevoir un acte pour un sourd-muet qui, ne sachant ni lire ni écrire, ne pourrait transmettre sa volonté que par un langage de signes que ne comprend pas le notaire, et ne pourrait d'ailleurs pas entendre la lecture qui doit être faite, aux termes de l'article 13 de la loi de ventôse. Rien dans cette loi ni dans aucune autre n'a statué sur ce point. Nous devons donc raisonner par analogie et assimiler le sourd-muet à la personne étrangère qui ne parlerait qu'une langue inconnue du notaire, et rechercher comment la solution a été donnée par la jurisprudence et la doctrine. Il y a en effet une analogie certaine : car le langage des signes est aujourd'hui une véritable langue, mimique au lieu d'être parlée. Le seul moyen dans l'un et l'autre cas est évidemment de prendre un interprète ; mais ce moyen est-il légal ? On décide en général l'affirmative par analogie de l'article 332 du Code d'instruction criminelle dont nous avons déjà dit un mot et dont nous aurons à parler plus loin. Mais comment cet interprète devra-t-il être donné? Il y a sur ce point deux opinions. Dans l'une on veut que l'interprète soit choisi du consentement des parties et d'accord entre elles. Dans le cas où elles ne s'entendraient pas, on présenterait requête au président du tribunal qui désignerait un interprète par une ordonnance mise au bas. L'autre opinion consiste à exiger cette formalité dans tous les cas. Nous adoptons la première opinion, car, avant tout, l'interprète doit offrir des garanties de confiance, et si les parties s'entendent sur son choix, l'esprit de la loi est pleinement satisfait.

Il peut arriver que le notaire connaisse la langue de la partie contractante, les témoins seuls l'ignorant. Dans ce cas il ne pourrait pas servir lui-même d'interprète, car les témoins ne pourraient contrôler l'acte auquel ils assistent, puisqu'ils ne connaîtraient la volonté du contractant que par le notaire lui-même. Leur rôle serait donc complétement illusoire.

Il peut arriver enfin que, le notaire ignorant la langue du contractant, elle soit connue d'un témoin. Pourrait-il servir d'interprète ? Sur ce point encore il y a deux opinions : l'une, soutenue par Toullier et consacrée par un arrêt de cassation du 19 décembre 1815, décide l'affirmative, disant que la prohibition de l'article 332 ne doit pas être étendue, et que d'ailleurs les règlements du notariat ne s'y opposent pas. L'autre opinion, que nous croyons la seule véritable, veut que l'interprète soit dans tous les cas pris en dehors des témoins. La première raison qui nous décide, c'est qu'il n'y a aucun motif pour scinder l'article 332 dans l'application qu'on en a faite par analogie, et d'en retrancher une disposition qui n'a été ajoutée que par suite de l'abus qu'on avait reconnu, en matière criminelle, dans la faculté accordée autrefois par l'article 369 du Code de brumaire an IV. L'art. 369 était ainsi conçu : « L'interprète peut, du consentement de l'accusé et de l'accusateur « public, être pris parmi les témoins ou les jurés. » Une seconde raison, c'est que la loi veut le concours du notaire et de deux témoins (ou plus dans certains actes) ; or l'interprète qui est bien l'homme de celui dont il traduit la pensée, est en quelque sorte aussi le représentant du notaire, et c'est là un caractère incompatible avec la qualité de témoin. Cependant, d'après la loi du 21 juin 1843, il est certains actes dans lesquels la présence des témoins n'étant pas nécessaire à la réception de l'acte, on pourrait se demander si pour ces actes il n'y aurait pas exception, puisque la même personne serait alors, non plus simultanément, mais successivement, interprète et témoin, et qu'elle ne cumulerait pas en même temps ces deux caractères. Nous pensons cependant que, même pour ces actes, il faut prendre un interprète qui ne soit pas ou ne doive pas être ensuite témoin, et qui ne soit pas non plus le notaire, dans l'hypothèse précédente. Le témoin doit conserver un caractère particulier qui ne nous paraît dans aucun cas compatible avec la qualité d'interprète.

Ce que nous venons de dire s'applique à l'étranger ne parlant pas le français, et jusqu'ici nous avons raisonné en lui assimilant complétement le sourd-muet. Mais dans cette dernière hypothèse d'un témoin connaissant seul le langage du contractant, ne faudrait-il pas faire une distinction entre l'étranger et le sourd-muet, et appliquant au premier l'article 332, se reporter pour le second à l'article 333 du Code d'instruction criminelle? Dans le cas d'un accusé ou d'un témoin en justice, il peut se faire que la personne qui a le plus d'habitude de converser avec le sourd-muet ait été entendue déjà ou doive être entendue forcément comme témoin, puisque dans ce cas on ne choisit pas les personnes qui doivent déposer, et qu'elles sont indiquées par la force des choses. La loi voulant avant tout donner pour interprète une personne familière au témoin et habituée à parler avec lui, il y a donc un motif suffisant pour expliquer l'exception de l'article 333. Mais ici le caractère du témoin est bien différent, il ne raconte pas un fait passé, il constate un fait qui va se passer; il est appelé pour assister à un acte qui va être rédigé devant lui, et alors on est libre de prendre telle ou telle personne. On pourra donc toujours trouver des témoins en laissant de côté l'interprète et, rien ne forçant à donner à la même personne ces deux qualités, l'exception de l'article 333 n'a plus de raison d'être ici. Nous ne ferons donc pas plus de distinction dans cette hypothèse que dans les précédentes entre l'étranger et le sourd-muet. Nous rencontrerions d'ailleurs les mêmes raisons que nous venons de voir plus haut.

On s'est demandé encore si l'interprète devait réunir les qualités requises pour les témoins instrumentaires par la loi sur le notariat, et si le notaire doit lui faire prêter serment. Rien ne nous autorise à exiger ces deux conditions; il pourra être bon et le notaire fera bien de s'attacher à les observer si cela est possible, mais leur omission ne serait certainement pas une cause de nullité de l'acte.

Dans tous les cas, le notaire devra mentionner dans son acte tout ce qui s'est passé à ce sujet. Il devra constater que la déclaration du contractant lui a été transmise par un interprête, et, dans le cas où le sourd-muet saurait lire, mentionner également que la lecture a été faite par lui au lieu de lui être donnée par le notaire.

Telles sont les règles générales pour les actes notariés; nous verrons cependant plus loin, et notamment pour les testaments, qu'il peut y avoir des exceptions à raison des formalités exigées d'une manière toute spéciale.

5° *Contrat de mariage.* — La loi reconnaît la capacité de consentir un contrat de mariage et toutes les conventions dont il est susceptible, à ceux qu'elle déclare capables de contracter mariage ; ainsi dans l'article 1398 le Code Napoléon reconnaît cette capacité au mineur. La capacité de faire un contrat de mariage est, dans son esprit, le corollaire de la capacité de se marier. Nous verrons plus loin que le sourd-muet peut se marier, nous devons donc dire comme conséquence qu'il peut faire un contrat de mariage et y insérer toutes les conventions qu'il comporte, même des donations, et cela quand même il serait complétement illettré.

Nous devons, à propos du contrat de mariage, mentionner une décision de la Cour de Nîmes du 3 janvier 1811, bien qu'elle n'ait été consacrée ni par la doctrine ni par la jurisprudence. L'article 511 du Code Napoléon veut que, « lorsqu'il « s'agit du mariage de l'enfant d'un interdit, la dot ou l'avance- « ment d'hoirie et les autres conventions matrimoniales soient « réglées par un avis du conseil de famille, homologué par le « tribunal. » La Cour de Nîmes a décidé que cet article est applicable aux enfants des sourds-muets illettrés comme à ceux des interdits pour cause d'imbécillité ou de démence. Elle s'est appuyée, pour décider ainsi, sur un souvenir de l'ancien état de choses, regardant les sourds-muets comme étant dans un véritable état d'interdiction où les aurait mis la nature en les empêchant de manifester leurs volontés, et sur ce que cette interprétation de la loi était conforme aux principes de l'ancienne législation et du droit romain. M. Duranton, t. III, n° 765, est le seul auteur qui cite cet arrêt en l'approuvant complétement. Nous ne pouvons partager sa manière de voir et nous croyons qu'il y a dans une semblable décision une extension un peu arbitraire et exagérée de l'article 511, décision inspirée d'ailleurs par un souvenir encore trop récent d'une législation qui n'existe plus et qui partait d'un principe aujourd'hui abandonné, l'incapacité des sourds-muets. Nous ne saurions donc la prendre en considération : du reste cette décision est complétement isolée et nous n'avons voulu la mentionner que pour mémoire.

6° *Donations entre-vifs.* — Dans une donation, le sourd-muet peut jouer deux rôles, il peut être donateur ou donataire. Ce dernier cas est prévu par l'article 936 du Code Napoléon, aux termes duquel, « s'il sait écrire, il pourra ac-« cepter par lui-même ou par un fondé de pouvoirs; s'il ne « sait pas écrire, l'acceptation sera faite par un curateur nom-« mé à cet effet. » Il n'y a donc pas de difficultés sur ce point. Cependant nous devons faire remarquer que, s'il s'agissait d'un sourd-muet mineur, interdit ou pourvu d'un conseil judiciaire, ce n'est pas l'article 936 qui devrait être suivi, mais bien la règle spéciale à chaque cas.

Reste l'hypothèse où le sourd-muet est donateur. Ici trois doctrines se trouvent en présence. Une première opinion, qui n'est soutenue que par un seul auteur (Solon, *Nullités*, t. 1er, nos 54 et 55) et consacrée que par un arrêt (Liége, 12 mai 1809), est trop absolue pour être discutable. Elle refuse au sourd-muet la capacité de faire une donation dans tous les cas, lors même qu'il saurait lire et écrire. Une seconde opinion, plus accréditée et aussi absolue dans le sens contraire, lui reconnaît cette capacité de la façon la plus générale, lors même qu'il ne saurait ni lire ni écrire. Enfin une troisième opinion veut qu'il sache au moins écrire. Pour nous c'est la seconde opinion que nous adoptons, parce qu'elle nous paraît la seule légale. L'article 902 du Code Napoléon dit d'une façon absolue que « toutes personnes peuvent disposer ou recevoir, soit par « donations entre-vifs, soit par testament, excepté celles que « la loi en déclare incapables. » Or nulle part dans nos lois nous ne trouvons une incapacité prononcée contre le sourd-muet même illettré, de faire une donation entre-vifs. Ce serait donc violer l'article 902 que de la créer. Il n'y a d'ailleurs aucun argument à tirer de l'article 936, qui exige l'assistance d'un curateur pour l'acceptation d'une donation, lorsque le sourd-muet ne sait pas écrire ; cet article n'a pas pour but de diminuer sa capacité, mais bien au contraire d'améliorer sa situation en lui facilitant l'acceptation des donations qui lui sont faites. La même raison de faveur cesse donc d'exister lorsqu'il s'agit non plus d'accepter, mais bien de faire une donation.

Reste à savoir s'il n'y aurait pas au moins une impossibilité de fait et si les formalités de la donation ne sont pas impraticables au sourd-muet à raison de son infirmité. Ces formalités sont réglées par l'article 931 du Code Napoléon, aux termes duquel « tous actes portant donations entre-vifs se« ront passés devant notaire en la forme ordinaire des con« trats. » Il suffit donc de se reporter aux règles qui régissent les actes notariés, et nous avons vu plus haut qu'il ne s'y trouve rien qui ne puisse être observé par le sourd-muet. La déclaration du donateur doit être expresse, mais aucun texte ne détermine un mode spécial suivant lequel elle doive être faite; il pourra donc révéler son intention par tous les moyens possibles, et il suffira que le notaire ait pu la comprendre. Ici s'appliquent les observations que nous avons faites à propos du contrat de mariage. Tout au plus pourrait-on se laisser arrêter à l'idée que, si le sourd-muet est complétement illettré, il ne pourra ni entendre la lecture de l'acte ni la faire lui-même. Mais nous ferons remarquer qu'il n'en est pas ici comme dans les testaments authentiques où la lecture est prescrite à peine de nullité; dans les contrats ordinaires, c'est une simple formalité dont l'omission peut entraîner une amende contre le notaire (art. 13 de la loi de ventôse), mais qui ne saurait causer la nullité de l'acte. Or nous venons de voir que la donation est rangée par la loi dans la classe et doit se faire dans la forme des actes ordinaires.

Nous pensons donc que, pour nous conformer à l'esprit bien entendu de la loi, il faut reconnaître au sourd-muet la capacité absolue de faire une donation entre-vifs, quel que soit son degré d'éducation et lors même qu'il serait illettré; il suffira, pour qu'il puisse exercer cette capacité, qu'il manifeste librement et clairement sa volonté et que le notaire puisse la comprendre. Toute autre condition ajoutée à l'exercice de ce droit serait excessive et contraire à l'esprit de notre législation, et n'aurait d'ailleurs pour résultat que d'aggraver inutilement la position du sourd-muet qui se trouve suffisamment protégé par l'assistance du notaire et des témoins.

7° *Elections législatives.*—Aux termes de l'art. 2, § 1er, de la loi du 31 mai 1850, « tous les citoyens jouissant de leurs droits

« civils et politiques sont électeurs. » Aucune distinction n'étant faite et cette disposition étant absolue, la Cour de cassation, par arrêt du 12 novembre 1850, a jugé, en ce qui concerne les sourds-muets, que, lors même qu'ils seraient complétement illettrés, ils ont la capacité électorale et doivent être portés sur la liste des électeurs. Il y a cependant des personnes qui, reconnaissant au bureau, lors de l'élection, le droit de s'assurer si l'état physique de l'électeur permet de recevoir de lui un vote valable, pensent qu'il ne devrait pas admettre le bulletin d'un sourd-muet qui ne saurait ni lire ni écrire. Pour notre part, nous repoussons formellement cette opinion. La loi de 1850 est générale dans son article 2, et les incapacités en matière d'élection ne doivent pas être étendues; la Cour de cassation a d'ailleurs reconnu par l'arrêt ci-dessus le droit du sourd-muet, et nous ne voyons pas de raison suffisante pour lui en interdire l'exercice. Il est possible que son infirmité et son ignorance rendent plus facile de lui imposer un vote qui ne serait pas l'expression libre de sa volonté, mais il lui est très-facile aussi de faire écrire son bulletin par une personne en qui il a confiance, et jusqu'à preuve contraire, sa capacité étant reconnue en droit, on doit supposer en fait que le bulletin qu'il dépose dans l'urne contient bien l'expression de sa volonté.

8° *Mariage.* — On s'est demandé si le sourd-muet pouvait contracter mariage, et la question a été résolue unanimement dans le sens de l'affirmative. La condition essentielle, fondamentale du mariage, c'est le consentement; toutes les fois que la possibilité d'exprimer un consentement existera, il y aura possibilité de contracter mariage. Le Code Napoléon ne faisant en cette matière aucune mention du sourd-muet, il n'y a, pour résoudre la question, qu'à se demander, dans chaque espèce, si celui qui se présente pour se marier peut manifester son consentement d'une façon assez claire et assez précise pour qu'il n'y ait aucun doute dans l'esprit de l'officier de l'état civil. Il n'existe même dans la loi aucune règle spéciale pour la constatation de leur consentement. Lors de la rédaction du Code, la commission chargée de rédiger le projet y avait mis un article portant que « les sourds-muets de « naissance ne pourraient se marier qu'autant qu'il serait « constaté, dans les formes prescrites par la loi, qu'ils sont

« capables de manifester leurs volontés. » Mais cet article fut rejeté par le conseil d'Etat après une discussion très-sérieuse, par le motif que sa disposition se confondait avec l'article 146 dont il n'était que la reproduction, puisqu'il ne faisait au fond qu'exiger le consentement bien certain du sourd-muet, condition exigée déjà d'une façon générale pour tout le monde par l'article 146. Il ne reste donc qu'une question de fait, à savoir si le sourd-muet qui se présente manifeste suffisamment son consentement, et s'il a l'intelligence nécessaire pour que ce consentement soit valable. C'est l'officier de l'état civil qui doit apprécier ce fait comme dans tous les mariages possibles, et il lui suffit de le constater dans l'acte, sans qu'aucune formalité spéciale lui soit prescrite. En cas de difficultés, les tribunaux sont souverains appréciateurs.

Il n'y a non plus aucune différence à faire au point de vue des autorisations soit des père et mère, soit d'un conseil de famille; le sourd-muet est dans la même situation exactement que tous les autres, et ici encore il jouit de la capacité la plus absolue.

9° *Témoins.* — Il y a trois catégories de témoignages, en matière civile, en matière criminelle et devant les officiers publics. Ces trois catégories feront l'objet de trois paragraphes.

§ 1er. *Témoins en matière civile.* — En principe il n'y a d'incapables de déposer en justice que les personnes à qui la loi en ôte le droit. Or, en matière civile, ce sont les articles 268 et 283 du Code de procédure qui déterminent quels témoins ne peuvent être entendus, et dans ce nombre ne se trouvent pas compris les sourds-muets. Nous devons donc en conclure qu'ils sont capables d'être entendus dans une enquête. Mais cependant il faudra pour cela qu'ils puissent remplir les formalités prescrites par le Code de procédure; c'est là une condition que personne ne saurait contester, au moins pour les formalités prescrites à peine de nullité. Reste donc à se demander comment on devra procéder. Si le sourd-muet sait lire et écrire, il n'y aura pas de difficulté; mais que devra-t-on faire dans le cas contraire? La plupart des auteurs pensent et la jurisprudence a consacré cette opinion, qu'on doit appliquer par analagie la disposition de l'article 333 du Code d'instruction criminelle. Ainsi le juge-commissaire nommera un interprète et choisira pour cela les personnes ayant le plus l'habitude de converser avec le témoin ; il lui fera prêter serment et fera écrire la déclaration qu'il transmettra. Mais même en admettant cette application par analogie de l'article 333, qui est aujourd'hui de jurisprudence, plusieurs questions peuvent se présenter. Ainsi faudra-t-il étendre l'application de l'article 333 du Code d'instruction criminelle qui, dans une matière où l'interprète doit être ordinairement majeur et ne pas avoir été entendu comme témoin dans l'affaire, fait une exception pour le sourd-muet ; en conséquence, s'emparant de l'esprit qui a dicté cette exception, et qui veut pour interprète du sourd-muet celui qui cause habituellement avec lui, faudra-t-il ne pas se préoccuper de l'article 268 du Code de procédure civile? En un mot, lorsque la loi défend d'entendre dans les enquêtes les parents ou alliés en ligne directe de l'une des parties ou son conjoint, faudra-t-il étendre cette prohibition à l'interprète du sourd-muet ? Pourra-t-on prendre pour interprète un témoin déjà entendu? Un arrêt de la Cour de Nîmes du 21 août 1821, tout en décidant que l'article 333 doit être appliqué par analogie, ne veut pas cependant que l'interprète soit choisi parmi les personnes désignées par l'art. 268 du Code de procédure civile. Nous avouons que, pour notre part, nous avons peine à accepter cette extension de l'art. 268. Cet article est relatif aux témoins, et l'interprète ne saurait être rangé dans cette catégorie. De plus, ce que veut surtout l'article 333, c'est qu'on choisisse la personne la plus familière au sourd-muet, et pour cela il fait une exception aux dispositions prohibitives des articles précédents. Si nous appliquons dans une enquête civile et par analogie l'article 333 du Code d'instruction criminelle, il faut, à notre avis, l'appliquer tout entier, c'est-à-dire, prendre complétement son esprit. Or, en raisonnant ainsi, on ne tiendra pas compte de l'article 268 du Code de procédure, et on fera pour lui la même exception que l'article 333 fait pour les autres articles du Code d'instruction criminelle.

Il y a dans les enquêtes civiles une formalité que l'article 271 du Code de procédure prescrit à peine de nullité, c'est la lecture faite au témoin de sa déposition. Il faudra donc que cette formalité soit observée avec le sourd-muet. Dans le cas où il ne saurait pas lire et où il ne pourrait pas prendre lecture lui-même de sa déposition, elle lui sera faite par l'interprète. Nous ne voyons pas ici la même difficulté que nous signalerons plus loin pour les testaments, car la loi dit seulement que lecture sera donnée au témoin de sa déposition, sans dire qu'elle le sera par telle personne plutôt que par telle autre. C'est habituellement le greffier qui remplit cette formalité; mais la loi ne vicie pas le témoignage dont lecture serait faite par un interprète.

§ 2. *Témoins en matière criminelle.* — A la différence du Code de procédure civile, le Code d'instruction criminelle prévoit, dans son article 333, le cas où un témoin serait sourd-muet. Nous avons déjà parlé de cet article sous le mot accusé, nous ne pouvons qu'y renvoyer.

§ 3. *Témoins instrumentaires.* — Lorsqu'il s'agit de témoins en matière civile ou en matière criminelle, le choix n'en est pas libre, puisqu'il faut nécessairement entendre ceux qui ont assisté aux faits ou qui les ont connus, en un mot, qui peuvent donner des explications sur ce qui s'est passé. Il en est autrement des témoins instrumentaires; leur caractère est différent, car ils ne sont pas destinés à raconter un fait passé, mais à donner sinon l'authenticité, au moins une garantie de sincérité à un acte qui va être fait en leur présence. On est donc libre de choisir pour témoin instrumentaire qui l'on veut, à cette condition seulement que la capacité voulue par la loi existe chez la personne appelée. Il semble donc à ce point de vue que si, dans une enquête civile ou criminelle, on doit entendre même le témoin sourd-muet, parce qu'il peut être le témoin important, il n'y ait plus la même raison de l'admettre dans un acte authentique, puisqu'il n'est pas imposé par la force des choses. Dans tous les cas il peut paraître plus sage de choisir des témoins ayant l'usage de l'ouïe et de la parole. Cependant ici, pas plus qu'ailleurs, la loi n'exclut les sourds-muets de l'assistance à un acte en qualité de témoins, et nous ne pensons pas qu'on puisse les repousser d'une façon absolue, surtout dans les cas où, d'après la loi du 21 juin 1843, la présence des témoins n'est pas nécessaire lors de la rédaction de l'acte. Il peut se faire que des raisons particulières de convenance ou d'affection fassent désirer aux parties d'avoir comme témoin à leur acte telle personne, bien que sourde-muette, et son assistance ne nous paraît pas illégale.

Toutefois, c'est avec une grande réserve qu'on devra les admettre, car ce sera toujours amener une complication et une difficulté de plus. Dans tous les cas, nous pensons qu'en cette matière on ne devrait admettre que les sourds-muets sachant lire et écrire. C'est une exception qui nous paraît rentrer dans l'esprit de la loi et nous appliquons ici ce que nous disions en commençant, que le sourd-muet peut quelquefois devenir incapable en fait à raison de son infirmité qui lui rend impossible l'accomplissement de la mission qu'on voudrait lui confier. Nous ne voyons d'ailleurs rien qui puisse autoriser l'adjonction d'un interprète. Le sourd-muet illettré peut être assimilé dans ce cas à l'individu qui, ne sachant pas le français (et ceci peut se rencontrer même avec la qualité de citoyen), ne saurait être admis comme témoin. Nous devons ajouter cependant que, dans les cas où la loi veut que lecture de l'acte soit donnée en présence des témoins, comme dans les testaments authentiques, il y aurait une cause d'impossibilité, puisque, le témoin sourd-muet ne pouvant l'entendre, elle deviendrait illusoire.

10° *Testaments.* — Dans l'ancien droit, à l'époque même où l'on commençait à reconnaître aux sourds-muets une certaine capacité, ils ne pouvaient tester d'aucune façon; l'ordonnance de 1731 avait rejeté les testaments faits par signes, de sorte qu'ils ne pouvaient pas dicter leurs dernières volontés; quant aux testaments écrits de leur main, Pothier pensait qu'ils ne devaient pas être considérés comme valables, parce qu'on ne pouvait pas être certain qu'ils fussent l'ouvrage de la volonté du testateur, et qu'il ne les avait pas copiés sans les comprendre. Aujourd'hui les sourds-muets sont capables de tester, c'est ce qui résulte implicitement de l'article 979 du Code Napoléon; mais cependant cette faculté est assez restreinte pour eux, comme on va le voir, non pas pour cause d'incapacité, mais bien d'impossibilité physique.

§ 1er. *Testament authentique.* — Le testament authentique est celui qui est reçu par un ou deux notaires en présence de témoins; il doit être dicté par le testateur et écrit par le notaire; il en est donné lecture au testateur en présence des témoins. Toutes ces formalités sont exigées rigoureusement et l'omission d'une seule entraînerait la nullité du testament. Aussi, leur accomplissement, pour certaines du moins, étant impossible au sourd-muet, lui interdisent-elles, pour cause d'impossibilité physique, ce mode de tester, bien qu'il ait la capacité nécessaire pour le faire. La dictée, à notre avis, ne le lui rendrait pas impossible, car il ne nous paraît pas que rien dans la loi empêche le testateur de se servir d'un interprète choisi dans les conditions que nous avons discutées plus haut, pour communiquer ses intentions et les dicter au notaire; c'est ce qui a été jugé pour les étrangers ne parlant pas le français, par un arrêt de la Cour de Metz du 21 août 1823. Cependant cette opinion rencontre des adversaires qui n'admettent pas la dictée par interprète, disant que le notaire ne constaterait alors qu'une traduction et non une volonté dont il ne comprendrait pas la manifestation. Toutefois, si le notaire et les témoins entendaient tous le langage des signes, il pourrait y avoir une dictée réelle, et ceci ne peut faire doute, car la prohibition de l'ordonnance de 1731 n'a pas été reproduite dans nos lois. Mais sans cela il faudrait un interprète dans tous les cas, quand même le sourd-muet saurait écrire, car il ne lui suffirait pas de remettre au notaire pour le transcrire son projet de testament écrit de sa main ; il n'y aurait pas dictée dans ce cas et le testament serait nul (Cassation, 22 juin 1843).

Mais en admettant même que la dictée ne fût pas une cause d'impossibilité, la lecture qui doit être faite au testateur en serait une, qui est reconnue unanimement par la jurisprudence. En effet, en ce qui concerne l'individu sourd seulement, les opinions sont divisées. Mais dans l'opinion la plus favorable, celle qui admet la possibilité pour le sourd de tester en la forme authentique, pour que la lecture prescrite par l'article 972 soit valable, on exige qu'elle soit faite par le testateur à haute voix, puisque, s'il en était autrement, les témoins ne pourraient pas constater que cette lecture a eu lieu en entier. Or, c'est là une condition que le sourd-muet ne saurait remplir, et au moins par cette raison la forme authentique lui est interdite pour tester, à raison de l'impossibilité où il se trouve d'en remplir les formalités.

§ 2. *Testament mystique.* — L'article 979 reconnaît formellement au sourd-muet la faculté de faire un testament en la forme mystique, puisqu'il indique la manière dont on devra procéder lorsque le testateur ne pourra pas parler. Mais il résulte de cet article que, tandis que, pour ceux qui ont l'usage de la parole, il suffit, aux termes de l'article 978 du Code Napoléon, de savoir lire pour faire un testament mystique, lorsqu'il s'agit d'un sourd-muet, il faut de plus qu'il sache écrire. Dans ce cas en effet l'article 979 veut absolument que le testament soit écrit de la main du testateur, lequel devra en outre écrire en présence des témoins, en haut de l'acte de suscription, que le papier qu'il présente est bien son testament.

§ 3. *Testament olographe.* — Le testament olographe doit être écrit en entier, daté et signé de la main du testateur; il n'est assujetti à aucune autre formalité. En conséquence, puisque nous avons reconnu en droit la capacité du sourd-muet, toutes les fois qu'il saura écrire il pourra faire un testament olographe. Il suffit qu'il soit bien établi qu'il a pu comprendre le sens et la valeur des termes qu'il a employés, peu importe que pour écrire son testament il n'ait fait que suivre un modèle. Ce dernier point cependant n'est pas admis d'une façon unanime, mais pour nous, nous le considérons comme certain. Aux termes des articles 901 et 970 du Code Napoléon, deux conditions seulement sont exigées pour la validité des testaments olographes; il faut que le testateur soit sain d'esprit et que le testament soit écrit de sa main. Or la copie d'un modèle n'empêche pas que cette dernière condition ne soit remplie; quant à la première, tout homme est réputé sain d'esprit jusqu'à preuve contraire, et il n'y a pas d'exception pour les sourds-muets, nous croyons l'avoir démontré dans tout ce qui précède. Ce serait donc ajouter à la loi déjà assez rigoureuse en cette matière, que de vouloir exiger une condition de plus. Il n'y aura donc ici qu'une simple question de fait dont les tribunaux seront juges souverains, à savoir, si le sourd-muet qui a écrit son testament d'après un modèle, a pu comprendre et a compris réellement la portée de ce qu'il écrivait.

De tout ce qui précède nous devons donc tirer la conséquence que, s'il est vrai de dire en droit que le sourd-muet est capable de tester, il faut ajouter, en fait et pour les trois genres de testaments, à condition qu'il sache écrire. Nous venons de voir que cette condition est nécessaire pour le testament mystique; elle l'est *à fortiori* pour le testament olographe; quant au testament authentique, il lui est interdit à raison de ses formalités qu'il ne peut remplir, de sorte que pour lui l'écriture est une condition *sine qua non.* On peut donc formuler la règle générale en disant que le sourd-muet est capable de tester en principe, mais que, s'il ne sait pas écrire, il y a pour lui impossibilité physique d'exercer ce droit.

11° *Tutelle.* — La tutelle est le mandat confié à une personne de veiller à l'éducation du mineur et d'administrer ses biens. Elle est instituée surtout dans l'intérêt du mineur, et en vue de la protection qui lui est due. Mais, au moins dans la tutelle légale, elle constitue aussi un droit pour le survivant des père et mère, et pour le père spécialement un droit absolu dont on ne peut restreindre l'exercice, droit qui a pour corrélatif un devoir de sa part, puisque, à la différence de la mère, il ne peut pas se soustraire à cette charge. La tutelle légale est en outre une conséquence du mariage. Ainsi trois idées se rencontrent dans cette première espèce de tutelle, protection du mineur, droit et devoir du père. C'est la loi seule dans ce cas qui règle la tutelle, et le survivant des époux en est investi par le fait même de la mort de son conjoint. Cependant il existe des cas où la loi, soit dans l'intérêt du mineur, dont la protection l'exige, soit dans celui du survivant et pour le soulager, permet ou qu'on lui enlève la tutelle, ou que lui-même demande à en être dispensé. Ces cas sont divisés en quatre catégories, les incapacités, les exclusions, les destitutions, et les excuses. La loi énumère pour chacune d'elles les motifs qui peuvent donner lieu à l'une ou à l'autre de ces mesures. Et il est de jurisprudence, bien qu'il y ait eu comme toujours quelques tentatives de divergence, qu'en cette matière l'énumération de la loi est limitative; en conséquence, il n'est permis ni de créer contre le survivant des père et mère une cause d'incapacité, ni d'admettre de sa part une cause d'excuse qui ne soit formellement écrite dans un article du Code. Telle est la théorie de la tutelle légale. Partant donc de ce principe, nous devons reconnaître tout d'abord qu'il n'y a pas d'incapacité contre le sourd-muet et qu'on ne saurait l'exclure de la tutelle légale à raison de son état. Mais si le droit est absolu pour lui, le devoir ne l'est pas également, et il peut s'excuser; il se trouve par son infirmité dans le cas prévu par l'art. 434

du Code Napoléon : « Tout individu atteint d'une infirmité « grave et dûment justifiée, est dispensé de la tutelle. » La jurisprudence et la doctrine ont ajouté dans leur interprétation « et permanente. » Le sourd-muet, à coup sûr, se trouve dans le cas de cet article et peut se faire dispenser de la tutelle.

On a cherché à soutenir que ce n'était pas l'article 434, mais bien l'article 444 qui devait être appliqué ici, et que le sourd-muet était non pas seulement excusable, mais bien exclu pour cause d'incapacité dans sa gestion. L'article 444 est ainsi conçu : « Sont aussi exclus et même destitués s'ils sont en « exercice, 1° les gens d'une inconduite notoire; 2° ceux dont « la gestion attesterait l'incapacité ou l'infidélité. » Cette opinion est complétement fausse. D'abord l'article 444, en parlant de l'ineptie dans la gestion, suppose un cas de destitution de la tutelle et non pas d'incapacité ou d'exclusion, car il faut un commencement de gestion pour savoir s'il y a ineptie. Et il ne faut pas dire que la loi entend parler de la gestion mauvaise de ses propres affaires par celui qu'on veut écarter de la tutelle; elle parle seulement de la gestion des affaires du mineur, et la preuve en est dans l'infidélité qu'au § 2 de l'article 444 elle met sur la même ligne que l'incapacité. Il est donc bien certain qu'il n'y a pas dans l'article 444 une cause d'exclusion du sourd-muet, et que c'est l'article 434 seul qui lui est applicable. De plus, nous avons tous les jours la preuve que certains sourds-muets sont loin d'être incapables de gérer et d'administrer de la façon la plus utile, soit leurs propres affaires, soit celles des autres ; il serait donc impossible, même en admettant l'interprétation, que nous combattons, de l'article 444, § 2, d'y trouver une règle générale contre les sourds-muets; il faudrait toujours en faire une question de fait et d'espèce, et ce serait par là confirmer notre opinion qu'il ne sont pas, par leur infirmité, dans un cas d'incapacité prévu par la loi.

Nous n'avons pas trouvé de décisions judiciaires sur la tutelle des sourds-muets, mais la Cour de cassation a décidé dans le sens que nous soutenons, pour le père ou la mère aveugle (7 juin 1820). Il y a assurément une analogie complète entre ces deux infirmités au point de vue des intérêts du mineur, et nous pouvons avoir la conviction qu'après s'être prononcée dans ce sens pour l'aveugle, la Cour de cassation jugerait de même *à fortiori* pour le sourd-muet dont la position est moins difficile que celle d'un aveugle.

Jusqu'ici nous avons raisonné dans l'hypothèse d'une tutelle légale. Il y aurait pour la tutelle dative la même raison de décider en faveur du sourd-muet. Cependant, comme ici il n'y aura pas, en regard de la protection due au mineur, un droit à la tutelle, et que la gestion du sourd-muet pourra souvent être sinon plus inhabile, au moins plus difficile que celle d'un tuteur jouissant de toutes ses facultés, bien que le conseil de famille puisse confier la tutelle malgré l'infirmité de celui qu'il voudrait nommer, il ne devrait cependant le faire que s'il existait des raisons toutes particulières d'affection ou d'intérêt pour le mineur. Mais ceci n'empêche pas la règle générale de subsister, et nous disons de la façon la plus absolue que le sourd-muet n'est pas dans un des cas d'incapacité ou d'exclusion prévus par la loi, et qu'il trouve seulement dans son infirmité une cause légale d'excuse qu'il est parfaitement libre de ne pas faire valoir.

Nous croyons avoir passé en revue toutes les principales circonstances de la vie civile où la capacité du sourd-muet puisse être en jeu. Dans tous les cas, s'il se présentait des questions que nous n'ayons pas examinées, il serait facile de les résoudre à l'aide des règles qui ressortent de tout ce que nous venons de dire. Nous croyons avoir démontré que la règle générale était pour le sourd-muet une capacité aussi absolue que possible, et que si quelquefois un acte ou une formalité lui est interdite, ce n'est pas parce que sa capacité n'est pas entière, mais par une impossibilité résultant pour tel acte déterminé de l'infirmité dont il est affligé. Notre législation, en abandonnant les errements des législations antérieures, n'a fait que se montrer équitable envers eux et nous n'avons qu'un désir, c'est de voir se multiplier les établissements encore trop peu nombreux où ces infortunés peuvent recevoir les bienfaits d'une éducation dont on les croyait incapables autrefois. Par ce moyen la justice que leur a rendue le Code Napoléon se justifiera de plus en plus et on arrivera à ne pas voir un si grand nombre de sourds-muets privés par leur ignorance de l'exercice des droits que la loi leur reconnaît en principe de la façon la plus complète. Nous avons du reste l'espoir que la décision ministérielle dont nous parlions en commençant n'est que le premier pas dans cette voie. Il y a là une question d'humanité et de justice que le gouvernement ne saurait méconnaître.

Imprimé par Charles Noblet, rue Soufflot, 18.

www.ingramcontent.com/pod-product-compliance
Ingram Content Group UK Ltd.
Pitfield, Milton Keynes, MK11 3LW, UK
UKHW021926230726
13925UKWH00007B/2305

9 782014 021370